Natido Tsane Gregory

Viens avec moi sous les Tropiques

Natido Tsane Gregory

Viens avec moi sous les Tropiques

Éditions Muse

Imprint
Any brand names and product names mentioned in this book are subject to trademark, brand or patent protection and are trademarks or registered trademarks of their respective holders. The use of brand names, product names, common names, trade names, product descriptions etc. even without a particular marking in this work is in no way to be construed to mean that such names may be regarded as unrestricted in respect of trademark and brand protection legislation and could thus be used by anyone.

Cover image: www.ingimage.com

Publisher:
Éditions Muse
is a trademark of
International Book Market Service Ltd., member of OmniScriptum Publishing Group
17 Meldrum Street, Beau Bassin 71504, Mauritius
Printed at: see last page
ISBN: 978-620-2-29860-5

Tables de matières

L'Afrique

A Nebou.K.Bertrand

C'est bien ici que tout a commencé
En ce qui concerne l'humanité
Apercevez-vous cette pluralité
En vivant en Tunisie
Ou en voyageant vers Tripoli
Du haut du sommet des pyramides
Nous pouvons contempler le fleuve Wouri
Jeter un coup d'œil sur Djibouti
Tout en visitant à Dakar des camarades
Traverser le Sahara
Sans avoir besoin d'un visa
Malgré la guerre en Somalie
La misère au Burundi
L'expansion au Cameroun de la corruption
Nous avons de grandes ambitions
Nous sommes remplis de richesse
Même si parfois nous lançons des cris de détresse
Si le sud-africain Nelson Mandela
Le burkinabé Thomas Sankara

Et le congolais Patrice Lumumba
Sont pour nous des références
C'est parce qu'en eux l'Afrique a eu confiance
Alors ne soyons point malheureux
De souvent penser à eux
Veuillez s'il vous plaît appréciez notre sens de la responsabilité
C'est l'amour de la vérité
Et nos traditions que l'on affectionne avec particularité
Visitez le parc national des volcans au Rwanda
Visitez les réserves de Luanda
Admirez les monts Mandara
Arpentez les rues d'Asmara
Appréciez les chûtes du Logone et Chari
Sans avoir besoin de séjourner au Malawi
Ou de prendre un vol pour Kigali
Car peu importe où vous serez en Afrique
L'on vous fera toujours des critiques
Car ici on aspire à un air démocratique.

Le fou

A Moungang Albin

Rencontré souvent dans les carrefours
Il fait aussi attention aux garde-fous
Parfois auteur des cafouillages
Il est souvent à l'origine des embouteillages
L'on le regarde souvent avec attention
Et même aussi sans réserve
Sans trop de mutations
Notre sourire il le prélève
Surtout ne pas le laisser
Trop vous approchez
Car à vous il pourra se comparer
Cela ferait l'objet d'une interrogation
Mais nous savons la vérité
Car après une longue réflexion
Vous auriez remarqué
Et cela en toute sincérité
Sinon votre bon sens vous interpellera
Et il vous rappellera
Que ce que l'on nomme folie

Peut-être parfois aussi

Juste un état d'esprit

Elle venait d'Afrique

Pourquoi me parlait elle toujours de Toronto
Ou de son séjour à Porto
Jusqu'ici je la comprenais
Car à mes yeux
Elle respirait un nouvel air
Elle était sous d'autres cieux
Discutée par deux continents
Son état n'était point inquiétant
Pourtant elle était souvent perdue
Entre tous ces agents de douane
Qui l'avaient parfois retenue
Pour un contrôle de routine
Avait- elle oublié ses origines
À force de vivre à Paris
S'était- elle coupée de ses racines
À travers ses multiples voyages vers l'Australie
Tout était devenu évident
Tout lui paraissait différent
Elle avait échangé
Ses belles et loyales traditions

Pour une virtuelle modernisation

Elle avait aussitôt oublié son histoire

S'était eloignée de ses terres

Avait renouvelé son répertoire

Ne lui parlez pas de N'djamena

Non plus de Madagascar

Elle avait oublié la Rumba

Elle ne se rappelait plus des mosquées de Casablanca

Ni de ses frères qui vivaient à Malabo

Encore moins de la belle capitale Bamako

Ô toi bel Afrique

A qui aujourd'hui elle fait des critiques

Pourquoi t'a t'elle oublié

Voici bien longtemps que de toi, elle s'est déliée.

Et si c'était ça le paradis!

Non pas un paradis fiscal
Mais un paradis légal
Un lieu formidable
Que l'on considère honorable
Un site toute ville
Où l'on se croirait à Libreville
Où s'additionne la liberté
Se partage l'égalité
Et se multiplie la fraternité
Désolé mais je ne vous parle pas de Paris
Mais je pense à un défi
Qui donne à tous des envies
De toujours vouloir respirer le bonheur
Dans un lieu sans horreur
Avec comme passeport le sourire
Et comme visa le plaisir
Et tous nos souhaits qui deviennent des désirs
Pour un temps l'on oublierait l'immobilier
L'on ne parlerait plus de courrier
Un lieu sans anarchie ni démocratie

Un lieu sans méritocratie

Un espace remplir de tout esprit

Où l’on aura plus besoin de mentir

Ni même d’être puni.

Prysnelle

Et si je pensais à elle
Comme ce premier jour dans cette ruelle
Moi qui la croyais irréelle
Sans même savoir ses origines
Elle me semblait fidèle
Certains la croyaient indigne
Elle avait un regard parallèle
Qui me faisait marcher sans elle
Moi je l'avais aussitôt sollicitée
Sans aucune publicité
Sans aucune ambiguïté
Elle avait un beau visage
Comparable à celui d'un ange
On aurait dit une reine
Sans se faire trop de peine
Elle était toujours belle
Avait elle besoin d'un prix Nobel
Devait- elle être exposée dans un musée
Non car à cela elle n'était pas habituée
Elle qui avait pourtant accepté de m'aimer.

La mort

Plusieurs auraient préféré le silence
Et vivre cela en toute confidence
Mais cela était impossible
Car elle choisit bien sa cible
Elle plonge dans la tristesse
Des personnes qui vivaient déjà des instants peu joyeux
Qui jusqu'ici vivaient dans la détresse
Avec un passé peu glorieux
L'avenir encore dans l'ombre
Et le mental en plein dans les décombres
Sans même se soucier si l'on est en décembre
Ou que l'on attend le printemps
Depuis bien fort longtemps
Ni même d'une possible douleur
Qu'elle engendrera dans les cœurs
Peu importe si vous vivez dans la misère
Ou même dans la bourgeoisie
Elle ne fait aucune jalousie
Et vous plonge tous dans la même galère
Elle viendra toujours à un moment inattendue

Et vous rappellera peut-être votre naissance

Vous annoncera votre renaissance

Qui aura lieu dans un endroit bien inconnu

À cet instant vous allez craindre vos faits

Car vous penserez souvent à l'enfer

Mais à force de penser à votre vie

Vous vous direz que vous méritez bien aussi une place au paradis.

Et si Dieu te répondait!

Après qu'inerte soit mon corps
Triste fut mon âme
Je ne pense plus à un corps-à-corps
Car j'ai perdu toutes mes armes
J'arrive à peine dans ce purgatoire
Et je m'aperçois que je n'ai plus de toît
Encore moins de dortoir
Mon jugement était si pénible
Ma sentence fut irréversible
Je suis condamné à résider
Dans ce fameux pénitencier
Eloigné de toute sainteté
À peine avoir quitté la terre
Alors que je suis encore sans repère
Me voici transféré sans aucun détour en enfer
Que me reprochait ce fameux juge au juste
Pour m'infliger une sentence qui me paraissait aussi injuste
Avais-je commis une erreur
Que les cieux avaient comparé à une horreur
Je suis dans ce milieu qui sent le soufre

Et je me suis enfoui dans un gouffre
Ô mon Dieu glorieux
Notre père céleste dans les cieux
Qu'ai je bien pu faire de si dangereux
Et me retrouver dans un site si malheureux
Qu'a-t-on bien pu me reprocher
Si bien que je n'ai pas vu la mort m'approcher
Je la trouve très dure
Cette nouvelle vie de mon présent futur
Dans laquelle je regrette mon passé
Que jusqu'ici je n'avais point vu passer.

La chance

A Songmeguem.T. Sylvanie

Serait-elle une constance

Ou alors peut-être une référence

Qui procure aux êtres

Un sentiment d'être

Ou de différemment paraître

Introuvable sur les espaces marchands

Elle est souriante comme le bonheur

On la trouve souvent dans les chants

Surtout lorsqu'ils procurent de la bonne humeur

Elle apporte le succès

Elle impose souvent votre respect

Peu importe si c'est en excès

Pour certains sur cette terre

Elle marque le début d'une nouvelle ère

Mais faites surtout attention

Et prenez beaucoup de précautions

Car elle arrive

Oui elle arrive mais souvent juste une fois dans la vie

Elle peut vous faire éviter le pire

Elle peut vous rendre optimiste à vie

Alors gardez la foi

Car pour vous il n'y aura pas peut-être de prochaine fois

Oui c'est souvent ça la triste réalité

Désolé mais la chance est une vérité

Qui se raconte au passé

À ceux qui furent absents

Quand cela se déroulait dans votre présent

Mais il est toujours possible de la garder ressente

Il faut juste être une personne consciente

Qui sait parfois être méfiante

Alors vous aurez toujours cette histoire

Dans votre bonheur répertoire

À raconter à votre future génération

Vous leur direz avec fierté

Qu'un jour il aurait fallu juste d'une action

Non d'une intention

Peut-être d'une attention

Pour vivre dans cette gaieté

Et ainsi garantir pour eux un bonheur

Dans ce monde encore plein d'horreurs.

Le voyageur

A Fotsa Brassard

Il avait quitté l'Amerique
Avait fait un détour en Afrique
Et voulait découvrir l'Europe
Voulait -il y refaire sa vie
Pensait-il y rester à vie
Il recherchait sans doute le bonheur
Il avait fourni beaucoup d'efforts
Il était déjà majeur
Il pensait devenir plus fort

Pourquoi le vieux continent
Que venait il y découvrir de si pertinent
Il s'intéressait sûrement à son histoire
Et voulait découvrir sa culture
Il aurait sûrement bien-aimé
Visiter les champs Élysée
Admirer la Principauté
Faire un tour à Rome
Et boire dans un bar populaire un verre de Rhum

Il parlait toujours de Strasbourg

Il devait visiter ses frères à Valence

Puis passer par Hambourg

Et faire un court séjour à Mayence

Il avait déjà rêvé du Royaume- uni

Et cela lorsqu'il était encore aux Etats-unis

Il voulait bien aller à Ankara

Lui qui parlait souvent de Pretoria

Il avait déjà en tête son parcours

Et devait sans aucun doute visiter Moscou.

La naissance

A Kouatchou Adrien
C'est toujours un jeune citoyen
Qui pourra devenir demain un doyen
A travers un regard poussé vers l'avenir
Qui deviendra sans aucun doute un souvenir
Car dans toute inconscience
Ce magnifique individu arrive dans un monde plein de méfiance
A une période parfois inattendue
Même s'il est vrai que l'on attendait sa venue
Avec beaucoup de patience
Dans les bras d'un inconnu
Sans aucune référence
Et malgré les cris de sa mère
Il arrive au monde avec des larmes
Comme s'il savait que sur cette terre il y avait des guerres
Que les hommes n'avaient plus d'armes
Qu'ils avaient perdu leurs repères
Qu'ils vivaient sur une nouvelle aire
Car habitués à vivre dans la peur

S’aimer malgré la douleur

En gardant dans l’esprit, l'espoir d’un futur meilleur.

Et si c'était ta pensée!

Je n'avais pas besoin de t'envoyer un message
Car je ne voulais point te voir dans un virage
Ni encore te promettre un mariage
C'est pourquoi j'ai voulu être direct
Pour ainsi t'éviter un mensonge
Voilà pourquoi c'est avec respect
Que je t'attendais dans ce jardin plein de paysage
Quelque part près du fleuve Wouri
En pensant aux espoirs dont tu m'avais nourri
Malgré tous tes mystères
Et toutes mes misères
A croire que l'instant d'un baiser
Tu m'aurais laissé
Te permettre d'espérer
À un amour si grand et affranchi
Que nul d'entre nous n'aurait vu venir
Un amour que même les cieux n'auraient pu prévenir.

Ô ma mère

A Dzonteu Genevieve

Tu es l'actrice de la fécondité

C'est toi le personnage principal de la maternité

Dans ton magnifique ventre tu m'as porté

De là j'étais éloigné de toute sorcellerie

J'étais à l'abri des intempéries

Tu m'as offert la vie

Et avec toi je veux rester à vie

J'ai été la cause de tes insomnies

Je t'ai procuré des manques d'appétit

Mon amour pour toi est né depuis tout petit

A la sortie de l'école tu as toujours patienté

Ton pardon tu me l'as toujours accordé

Car à mes côtés tu voulais toujours rester

Malgré les réprimandes et les punitions de papa

J'avais toujours droit à tes repas

Je voyais la vie comme un jeu

Et toi tu me rappelais toujours ses enjeux

J'avais souvent pensé

Que l'université nous aurait séparé

Comment pouvais-je t'oublier

Comment penser vivre sans toi

Car plus tard nous ne vivrons plus sous le même toit

Ô mère toujours aimable

Mère aux colères redoutables

Penses-tu encore à notre premier baiser

Te rappelles-tu toujours de mes propos qui t'avaient blessés

Au soir de ce fameux jour

Ce fameux jour, je m'en rappelle toujours

Lorsque je me suis senti pour la première fois majeur

Oubliant que tu m'avais protégé de tous les malheurs

Aujourd'hui nous ne vivons plus sous le même toit

Et le monde veut s'emparer de toi

À la recherche de tout l'amour que tu m'as donné

Ô ma chère maman

Qui pour moi a rejeté tous ses amants

Tu es le siège par excellence de la tendresse

La capitale de l'amour

La maison de retraite de la souplesse

La cause principale de mon retour

Ô ma tendre maman

Toi mon plus grand calmant

Aujourd'hui j'ai grandi

Et cela fait longtemps que je suis parti

Ton fils est devenu un homme

Et il est à la recherche d'une femme

Qui deviendra demain une mère

Une femme dotée d'un amour immense comme la mer.

Vivre le rêve

Rappelez-vous de ce soir
Et ne laissez plus dans vos cœurs vos espoirs
Les miens se sont dissipés
Car mon cœur, mon corps et mon âme se sont disputés
A cause d'une créature
Un semblable que les littéraires appellent genre
Devant elle certains perdent la voix
Elle était belle comme une colombe
On aurait dit une reine des îles caraïbes
Elle était naturelle comme le jardin d'Éden
On aurait dit une terre promise
Elle était pleine de vie comme le fleuve Jourdain
Aurait- elle vraiment souhaité qu'on l'a séduise
Elle m'avait laissé sans voix
Elle qui ne s'exposait jamais de jour
Elle avait de multiples bijoux
Personne n'osait lui dire aurevoir
Faisait-elle de la sorcellerie
Représentait- elle une bijouterie
Ô seigneur mon Dieu

Quel instant radieux

Ne pouvais-tu pas arrêter le temps

Et me laisser la contempler tout le temps

Passer avec elle le reste du printemps

Avait-elle remarqué

Que de tous les autres je voulais me démarquer

Que j'étais prêt à tout tenter

J'étais prêt à commettre un péché

Dans le seul but de l'approcher

Mon être me demandait de patienter

Mais sa beauté me faisait déjà rêver

Moi qui étais pourtant éveillé

Pour elle je pouvais tout détruire

Et trois jours après je devrais tout reconstruire

Éloigner de nous tout ce qui peut nous nuire

Sa clarté éloignait l'obscurité

Sa sainteté combattait l'impureté

Que ce fût glorieux

Ce fameux moment

Lorsqu'elle m'avait regardé dans les yeux

On aurait dit deux aimants.

L’enfant africain

A Kenfack Philippo

Originaire de ce fameux continent

Celui-là même qui est le berceau de l’humanité

Il fait face à des tristes réalités

Lui qui paraît si innocent

Il est la victime principale de nombreuses guerres

Sa non-scolarisation n’est pas souvent un débat

Car même ses pères n’ont plus de repères

Voilà pourquoi c’est souvent dans la rue qu’il se rabat

N’a-t-il pas aussi les mêmes droits

Qu’un enfant né à Detroit

Est-il victime de sa couleur

Ou devait-il naître ailleurs

Pour pouvoir mériter le bonheur

Désolé mais il est né à Kampala

D’un papa originaire de l'Algerie

Et d’une maman originaire de l'Angola

Qui ne pouvaient lui offrir que du riz

Comme un enfant né à Douala

Il a grandi dans l’ambiance des rues de Soweto

Il a appris à s'exprimer en Lingala

Et à garder le sourire comme ces enfants de Maputo

Il passe ses journées à courir

A travers les rues de la ville

Sans devoir penser aux multiples aides

Ces aides auxquelles il devra souvent recourir

Il ne s'inquiète pas de la famine

Ni même des problèmes de logement

Pour lui il fallait juste en peu de farine

Pour survivre dans son présent

Il ne savait pas ce que signifie la dictature

Il ne savait pas ce que signifie la démocratie

Il appréciait l'architecture

Mais ne savait pas qu'il existe la méritocratie

Ô mon Dieu quel triste sort

Pour cet enfant pourtant né dans de l'or

Qui ne sait pas que l'Afrique regorge des trésors

Penses- tu déjà à ton avenir

Toi qui est toujours en train de grandir

Penses- tu déjà aux prêts dont tu devras recourir

Désolé mais ton avenir semble peu glorieux

Mais avec beaucoup de travail il deviendra joyeux.

Sa majesté

Homme béni
Homme choisi
Il est l'oracle de son peuple
À lui les secrets de la tradition
Il est respecté et vénéré par son peuple
Il influence toutes les sanctions
Il est le maître de la chefferie
Il est le roi de la sorcellerie
Il est choisi depuis tout petit par ses ancêtres
Qui en lui ont vu l'existence d'un règne
D'un pouvoir pouvant déplacer les montagnes
Et même souvent aussi de faire parler les astres
C'est une autorité dite surnaturelle
Installé sur un territoire bien déterminé
Avec un mandat à durée indéterminée
Il est intronisé par des cérémonies solennelles
Ne vous fiez pas trop souvent à sa voix
Elle ne peut être comparée à son pouvoir
Sachez aussi que pour plusieurs c'est lui la référence

Qu'il impulse la confiance

Et qu'il entrevoit la renaissance.

Un unique baiser

Ô ma belle Aurelle
Fille au regard parallèle
Et aux sentiments perpendiculaires
Peux- tu bien m'éviter cet amour précaire
Et procurer dans mon être de l'assurance
M'évitant ainsi d'appeler les urgences
Tu es si jeune et jolie
Une fille aux idées toujours révolues
Pour toi je me suis répandu
Avec ton sourire tu m'as attendri
Penses-tu m'amener sur Vénus
Et me laisser séjourner à Uranus
Ô toi belle et tendre demoiselle
Fille aux pensées exponentielles
Créature féminine temporelle
Vas-tu continuer d'influencer ainsi ma vie
Vas-tu toujours faire cogiter mes méninges
Resteras-tu dans mon cœur à vie
Penses-tu me faire toujours rester sur ce nuage
Tu es très intelligente

Ô mon Dieu quel cadeau pour cette gente
Elle possédait un si beau relief corporel
S'il vous plaît mon père protégez mon cœur
Car je ne suis point immortel
Eloignez d'elle toute rancœur
Pensez surtout à mes semblables
Qui ont aussi comme moi faibli
Épargnez les d'une sanction semblable
Car ils sont différents de moi dont l'âme s'est déjà assombri
Moi qui me suis permis de lui voler un baiser
Un baiser qui m'a conduit jusqu'au brasier
Voici l'histoire du jardin d'Éden
Qui est venu se mêler à mon quotidien
L'on se serait cru au cinéma l'Eden
Ô ma chère Aurelle dont le regard me maintient
Quel sort m'as-tu jeté
Qu'elle potion m'as tu donnée
Pour que les cieux puissent me condamner
Et que le paradis puisse me rejeter
Toi belle sorcière aux baisers émouvants
Pourquoi m'as-tu laissé te contempler?
Pourquoi m'as-tu regardé avec tes yeux envoutants

Tu es belle comme la cruauté

Imprudente comme la mort

Qui pour moi était devenu un sort

Et pour mon âme une triste réalité.

Sur le quai

A Mekontchou Billy

Lieu toujours bondé de monde
Qui se côtoie à la ronde
Site de rencontre par excellence
Qui rassemble plusieurs êtres
C'est le fruit d'une coïncidence
Ici l'on voit les hommes disparaître
Surtout restez vigilant
Et faites preuve de sang-froid
Mais comment rester indifférent
Mais comment ne pas souvent prendre froid
Sur un lieu qui vous rapproche de la mer
Avec le départ d'un bateau
Qui vous éloigne de votre mère
Qui vous plonge dans une nouvelle ère
Et vous impose parfois de nouveaux repères
Vous pensez à votre dernier gâteau
A ces aurevoirs avec dans les yeux des larmes
Qui font aussi naître de la tristesse dans l'âme
Ici règne un climat mélancolique

Indescriptible même par les alcooliques

L'écoute de la sirène du navire

Nous rappelle ce qu'on a eu à vivre

Cela nous donne l'envie de tout revivre

Par enthousiasme certains se mettent à rire

Et pensent à tous ces instants chargés d'émotion

Qu'on a vécue avec une certaine promotion

Alors cela installe de la nostalgie

Et pourtant personne ne réagit

Les écharpes et les mouchoirs blancs

Qui sont en ce moment en mouvement

Laissent entrevoir un éventuel départ

Qui s'effectuera pas à pas

Tout cela rapidement

Même si pour plusieurs cela paraît évident.

La peur

A Soppi Passy

Avez vous déjà connu la peur
Si oui sous le règne de quel empereur
L'on se sent mal à cet instant
C'est souvent indescriptible ce que l'on ressent
L'on arrête parfois de vivre
On aurait voulu appeler la mort
Et ne plus avoir de remords
Rester tout le temps ivre
Mais c'est impossible
Ô mon Dieu quelle situation irréversible
Lorsque vous sentez vos organes se contracter
Votre respiration devient lente
On dirait que la mort essaye de vous contacter
C'est une situation pas du tout évidente
Vous vous êtes déjà retrouvés
Au bon milieu d'une guerre
Vous vous croyez entrain de rêver
Les bruits des coups de feu qui ne cessent guère
Vous avez l'estomac qui se renverse

Les idées qui se divisent

Imaginez-vous au Pakistan

Ou encore sur un front en Afghanistan

Où les rafales se succèdent en série

A cet instant vous pensez aussi à la Syrie

Vous avez les cheveux qui se tendent

Les membres qui se contractent

Et vous gardez bien serrées les dents

Dans cette situation tout être se repent

Le passager

A Tsotsop Maurice

Assis le plus souvent
Au plus près d'une fenêtre
Il aperçoit tout disparaître
Tout ce que balaie le vent
Demandez-lui sa destination
Il vous dira de patienter
Sans aucune communication
Il pourra tout vous raconter
Observez bien son regard
Il vous fera penser à un hangar
Un espace qui a été déménagé
Mais où tout paraît pourtant bien rangé
Il ne pense à rien
Il n'ose rien
Pour plusieurs c'est un simple voyage
Il s'éveille à tous les rivages
Il se rassure de la présence de son écharpe
Du voyage rien ne lui échappe
Il reste indifférent

Surtout avec son voisinage

Qui l'observe souvent attentivement

Et le croit dans une cage

Mais non

Car au nom

De l'amour il avait reçu beaucoup de coups

Et jusqu'ici il tenait toujours le coup

Il voulait prendre

Un nouveau départ

Ensuite marquer de nouveaux pas

Et commencer de nouveau à entreprendre.

Hémorragie sentimentale

Quelle douleur
Dans son cœur
Pour cet être
Dont l'amour a tout fait disparaître
Encore un nouvel échec
Avec une fois de plus un nouvel homme
Malgré la valeur des chèques
Qu'il offrait à cette femme
Elle qui pourtant avait déjà supporté
Plusieurs déceptions dans le passé
Elle qui pourtant voyait dans un futur proche
Des opportunités en amour
Dans sa tête son passé encore récent
Elle ne cessait guère de se faire des reproches
Quel manque de chance
pour elle qui avait pourtant
Toujours prôné l'abstinence
Même sans tenir compte du printemps
Ô déesse de l'amour
Veuillez sécher ses larmes

Et enlever la tristesse dans son âme
Qui ne croit plus en l'amour
Veuillez panser ses blessures
Et épargnez la de l'usure
Rendez saintes ses pensées
Pour qu'à son passé
Qu'elle n'ose plus penser
N'oubliez pas aussi son état psychologique
Car sans aucune logique
Ces destructeurs de cœurs
Ont fait naître en elle
De véritables rancœurs
Un cœur dans lequel plus rien ne brille
Cela a engendré des déceptions irréversibles
Qui ont eu pour cible
Une si belle et tendre femme
Au passé tragique
Avec un présent pathétique
Et un avenir qui avec le temps se referme.

La belle de nuit

Fille souvent toute nue
Car toujours dépourvue
De tout semblant de vêtement
Mais qui souvent a des bons comportements
Elle s'étend dans les rues sombres
Comme des légumes étalés à l'ombre
Son corps se dessine
Dans des vêtements indignes
Souvent belle comme la lune
Elle a un règne déterminé par les hommes
Qui trouvent souvent en elle
Des critères d'une bonne femme
Une belle fille pareille
On en trouve sans cesse
Surtout lorsque vous en avez plein dans les poches
Assez pour toujours passer à la caisse
Elle exerce loin de ses proches
A l'abri du moindre regard
Son activité est à l'origine de certains dégâts
Elle possède des yeux

Toujours éclatants

En les regardant

Tout vous paraît flambant

Vous oubliez tout ce qui est vieux

Ne faites pas attention à son cœur

Car il peut être comparable à un ascenseur

Qui regorge souvent des rancœurs

Elle craint le jour

Elle adore la nuit

Elle ne différencie aucun jour

Et travaille jusqu'après-minuit

Ah oui c'est bien elle

La fameuse fille

Aux mœurs légères

Qui n'exerce guère en tant que ménagère.

La déportation

De l'Afrique

Vers l'Amérique

Pourquoi avoir fait naître tant de panique

Dans des esprits déjà sans joie

Qui vivaient déjà des situations tragiques

Des personnes qui n'ont reçu aucun aurevoir

Sur leur visage une éventuelle peur

Le silence qui règne pendant ce voyage

Vous défend d'être rassurant

Il vous rapproche de l'esclavage

Tout en vous inquiétant

Vous rendant rebelles

A cet instant

Vous comprenez que cette situation est bien réelle

Elle est là !

A Kom. Célestine

Ô jeune demoiselle

Aux yeux plein d'oseilles

Avec ton sourire

Qui fait éviter le pire

Reflet de la beauté africaine

Référence panafricaine

Ô belle Fatou

Représentes-tu un label

Fille au patrimoine génétique

A caractère référentiel

Fille originaire d'Afrique

Venu tout droit du ciel

Modèle de l'indulgence

Parfaite constance

Qui paralyse les hommes

Et laisse sans voix les femmes

Ô ma chère Bintou

Belle avec remise

Agréable à vivre

Toi qui rend les hommes ivres

Femme charismatique

Fille au sourire magique

Femme dynamique

Ô ma tendre Malaïka

Fille romantique

Véritable foyer sismique

Dotée d'une magnifique beauté

Et parsemée d'une immense clarté

Qui aurait crû qu'elle existe

Face à elle aucun homme ne résiste.

Sous la canicule

A Tchuiague.E.Landry

Ne vous méprenez point
Que vous soyez à Ouagadougou
Ou au rond-point
Ou même dans les rues de Tombouctou
Vous aurez le même sort
Que ces commerçants au sourire présent
A la recherche d'un client en or
Même l'agent de police est absent
Car acculé par les rayons solaires
Ceux-ci sont souvent à l'origine de ses colères
Qu'allez-vous dire
De ces hommes qui ne trouvent rien à dire
Qui vont et viennent dans les rues
Sans se soucier des kilomètres parcourus
Sur cette chaleur d'enfer
Oh que dire des seigneurs du fer!
Quel climat redoutable
Qui pour certaines cultures est recommandable
Pendant un certain temps

Après avoir longtemps entendu parler d'un possible printemps
Plusieurs auraient souhaité
Que ce soleil soit un soleil d'été
Même les fruits et les légumes
Ces marchandises pourtant installées à l'ombre
Ne cessent de devenir bien pâles
Quelle situation macabre
Qui paraît pourtant confortable
Pour certains êtres désirés
Ces personnes destinées à vivre avec de l'air conditionné
Qui ne sont pourtant pas si irréprochables
Regardez ce jeune écolier
Qui subit cet état saisonnier
Apercevez- vous sa tristesse
Voyez-vous son visage exprimant la fatigue
Ce visage qui ne demande qu'une caresse
Une caresse de la part d'un vent prodigue
Un vent qui viendra effacer ses rides
Et qui éloignera de lui une possible réprimande.

La nuit d'avant

Il s'en serait toujours rappelé
Mais elle était déjà passée
Cette nuit-là il aurait aimé la revivre
Mais ce fut impossible car il était ivre
Traqué par les remords
Attiré par une possible mort
Cette nuit-là il devait l'oublier
Cette nuit il aurait dû tout donner
Mais hélas il était déjà condamné
Cette nuit il ne devait pas mourir
Mais il était déjà parti
Cette nuit était bien avant
Assez pour ne pas s'en rappeler le plus souvent
Cette nuit, il se faisait tard
Alors il devait tout remettre à plus tard
Cette nuit il aurait dû la passer sous le vent
Le matin apprécier le soleil levant
Cette nuit ils devaient s'embrasser
Cette nuit ils devaient se caresser
Cette nuit ils s'étaient tous promis

Cette nuit ils n'avaient pas pu trouver de compromis

Cette nuit ils auraient dû faire l’amour

Et ne plus penser à un quelconque retour

Cette nuit-là, ils n'auraient pas dû se quitter

Cette nuit n’aurait pas existé

Alors cela aurait été la fin de l’humanité.

A Ngoupeyou Lea

Qu'es-tu devenu après tout ce temps
As-tu déjà des rides
A toi je pense à chaque instant
Et ton magnifique visage
Ce visage qui laissait sans voix ton voisinage
Est-il aussi toujours attirant
Rayonne t-il toujours en ce moment
Je me rappelle encore
Oui je me rappelle de ton fameux regard
Il nous faisait sortir de notre hangar
Il faisait de toi une femme rare
Que sont devenus tes beaux yeux
Ces yeux qui étaient si rayonnants
Ces yeux qui brillaient comme des étoiles dans les cieux
Sont-ils toujours aussi flambants
Je me rappelle encore de ton sourire
Ce sourire qui nous interpelait toujours
Qui nous rendait de plus en plus fou chaque jour
Qui nous rapprochait d'un amour précaire
Ô la belle et douce Léa

Toi qui aimait te dévoiler çà et là

Où es tu passée

Que fais-tu désormais de ton présent

Aujourd'hui le temps est passé

Aujourd'hui les souvenirs me paraissent encore récents.

La belle Ranelie

Elle qui a en cœur mes écrits
Ces écrits qui l'éloignent du mépris
Elle n'avait qu'une seule vision
Elle souhaitait devenir médecin
Elle pensait toujours aux provisions
Ranelie adore les câlins
Ô mon Dieu que des efforts
Elle en avait tant fourni
Autant dans son être que dans son esprit
Aujourd'hui elle sait qu'elle n'a pas tord
Et à son avenir, elle songe
Sa détermination permanente
Contrastait avec ses défaites
Mais elle garde le courage
Elle pense toujours à demain avec hâte
Ainsi sa pensée était faite
Elle croyait fermement en l'avenir
Que le ciel lui ferait un signe
Jusqu'à nos jours elle ne fait que courir
Jusqu'à présent elle saigne

Elle a un véritable coeur

Un cœur qui renferme certaines douleurs

Des actes manqués

Des gestes du passé

De ses êtres chers qui l'ont quittés

Ce cœur qui paraît être une framboise

Pouvait- il être le siège de tous ses angoisses

Avec son visage de reine

Pourquoi avait elle tant de peine

Elle qui n'était pourtant point rebelle

Ranelie est si douce

Une jeune fille à caprice

Une beauté intelligente

Dotée d'un physique ne souffrant d'aucune carence

Elle adore la romance

Elle aime, que pour elle l'on chante

Elle garde le sourire

Elle continue de vivre

Même si la vie veut la rendre ivre

Elle adore la mer

Elle s'interroge à propos de son futur proche

Promet toujours une vie meilleure à sa mère

Et se fait toujours des reproches.

On s'aime

Quel sentiment merveilleux

Pour nous qui sommes si heureux

Quelle situation de bonheur

Qui n'impose point d'horaires

Ensemble l'on oublie les malheurs

Mais à nous se profile un amour temporaire

En ce moment on veut bien arrêter le temps

Et rester ensemble chaque instant

Mais la triste réalité nous rattrape

Malgré cela à notre amour on s'agrippe

Ô toi ma bien-aimée daigne ne point me réveiller

Et à mes côtés restes éveillée

Car notre amour ne mérite pas sommeiller

Veuillez admirer cette joie

Qui dans nos cœurs étouffe notre foi

Nous sommes amoureux

Et l'on se laisse aimer

Personne de nous ne peut résister

Pour cet amour nos cœurs sont joyeux

Sa beauté m'avait paralysé

Mes propos l'avaient déstabilisé

Notre passé nous a identifié

Même si pour d'autres c'est encore à vérifier

Un passé pourtant déjà imparfait

Même s'il est vrai que le présent nous imposait ses bienfaits

Face à elle je perdais ma voix

Avec moi elle recouvrait le sourire

Notre amour empruntait plusieurs voies

Un amour fou sans délires

Le présent nous offrait des victoires

Le futur nous promettait des inquiétudes

Face à cela l'on cherchait une attitude

Ô toi beauté rare

Qui donne à mon cœur un marasme

Et fait naître dans mon être une flamme

Toi fille du continent africain

Toi qui me dévore du regard tel un requin

Toi qui m'aime du bout des lèvres

Et qui me désire dans son être

Aujourd'hui l'amour a fait de moi ton être

Aujourd'hui la mer nous a rassemblé

Aujourd'hui nos corps souhaitent s'assembler

Pourtant les hommes veulent nous séparer
Oubliant que le passé nous avait éloigné
Aujourd'hui le présent souhaite nous unir
Mais les obligations professionnelles veulent nous punir
Aujourd'hui elle et moi on s'aime
L'avenir nous dira si nous serons les mêmes
Un amour qui fait souvent pleurer
Et ces pleurs nous les avons préférés
Voilà ce fameux sentiment
Qui est né en nous récemment.

Labelley

A Sobjio Laure

Les paroles s'envolent

Sa beauté reste

Son sourire décore le ciel

Le jour se lève

Sa joie s'élève

Son regard est un arc-en-ciel

Sa personnalité est son charme

Devant elle certains perdent leurs armes

Ses cils sont des pétales en or

Face à elle point de remord

Elle est naturelle

Mais la nature l'acclame

La gente féminine se compare à elle

Les hommes l'appelle femme

Son style déchire

Sur son visage le sourire

A cet instant le temps s'est arrêté

Et pour elle ma plume s'est entêtée

Les hommes n’ont jamais cessé de lui parler

Pour elle mon encre n’a point arrêté de couler.

Papa

A Tsane Joseph

Toi mon principal compère

Grâce à toi j'ai vu le jour

Par amour pour nous tu es resté pour toujours

Toi mon éducateur

Entre mes frères et moi tu as éloigné la concurrence

Tu voulais faire de nous des références

Nous qui te considérions comme un persécuteur

Ô mon père

Toi qui me parlais toujours de nos ancêtres

Toi qui faisais mes problèmes disparaître

Je m'en rappelle comme si c'était tout à l'heure

Papa te rappelles tu que l'on formait une paire

Notre histoire n'a pas été parfaite

Nous avons eu des défaites

Ô mon cher papa

Qui pour nous se battait çà et là

Le soleil ne t'a point découragé

Nos réussites scolaires n'ont fait que t'encourager

Ô vous chers petits papas

Vous qui êtes dans l'au-delà

Pensez-vous toujours à vos enfants

Ces enfants qui aujourd'hui se battent sur tous les flancs

Ceux-là qui n'ont point de souvenir de vous

Ceux-là qui avec vous souhaitent avoir un rendez-vous

Ô vous papas inconnus

À quand votre retour

Quand ferez-vous à la maison un détour

Car voici longtemps que vous n'êtes point revenus

Des questions à maman ils en ont déjà tant posé

Aujourd'hui maman ne sait plus quoi leur proposer

Et toi mon cher papa qui aujourd'hui est un détenu

Saches que l'on n'a jamais cessé de t'aimer

Ô Cameroun

Pays de mes ancêtres
Terre qui m'a vu naître
Comme un symbole, tu estampilles l'Afrique centrale
Pays de paix et de prospérité
Modèle par excellence de la diversité
Pays du vert rouge et jaune

Ô toi beau Cameroun
Qui regorge de nombreuses richesses
Aux yeux de certains tu es une déesse
Ô toi terre des sages
Toi qui présente un beau paysage
Depuis le Diamaré
Nous pouvons t'admirer
Baignez-vous dans le Logone et Chari
Sans avoir peur des intempéries
Contemplez le fleuve Wouri
Visitez le mont Bamboutos
Laissez vos jambes arpenter les montagnes de l'ouest
Admirez le soleil se coucher à l'est

Ô toi Cameroun, terre promise
Toi et ta belle devise
Egarez vous dans la Lekié
Visitez la belle ville Ebolowa
Et dites vous que demain à Meinganga on y va
Séjournez à Lolodorf
Le soir venu exécutez quelques pas de danse autour d'un grand feu
Peu importe où vous êtes, veuillez ne point vous inquiétez
Parcourez les arrondissements du Mfoundi
Et le soir venu mangez avec nous un plat de chez nous.
Allez à la découverte de la magnifique ville Bamenda
Dialoguez avec nos frères de Kumba
Faites un tour à Bangangté et apprenez le Medumba

Ô toi Cameroun
Pays au sous-sol en or
Chargé massivement d'uranium
Foyer de potentiel trésor
Que fais-tu de ton aluminium
Ô toi pays en voie d'éruption
Comptes-tu nous laisser
Comme seul héritage la corruption

Ô toi pays béni
Dont le sous-sol est si garni
Pourquoi es tu financièrement prisonnier
Ne t'étais-tu pas libéré de tes chaînes
Ou alors ton indépendance n'est que saisonnière
Penses-tu à ta génération de demain
Laisse leur un avenir meilleur en main
Fais naître en eux une lueur d'espoir
Une lueur qui effacera leur peur
Une lueur qui enlèvera sur leurs épaules ce poids
Et fera naître la joie dans leur cœur.

La reine

Du haut de son trône

Elle peut tout observer sans peine

Elle décide, réprimande et ordonne

Toi reine autoritaire

À qui le climat accorde des faveurs

Toi qui gouvernes nos terres

Peux-tu au moins définir ton aire

Et ainsi libérer ces êtres

Qui à ton passage ne s'indigne pourtant point

Mais qui dans leur cœur veulent te voir disparaître

Qui aurait crû que ton règne irait si loin

Ta beauté a envoûté les hommes

A tes pieds, ils y sont toujours

Ils te suivent partout

Tu es un ennemi pour les femmes

Elles t'acclament et chantent ton nom le jour

Mais la nuit tombée

Elles maudissent ton séjour

Elles ne peuvent pas contester ta royauté

Ton autorité est un massacre

Tu ne te laisses jamais vaincre

Tu organises des carnages

Face à ton pouvoir point de frein

Les animaux à ton passage chantent le même refrain

Pourquoi te chante t-on autant de louanges

Si tant de haine tu en propages

Toi reine aux yeux brillants

Toi reine au physique attirant

Le feuillage s'élève à ton passage

Les oiseaux scandent ton nom

Et les hommes répètent ton prénom

Face à toi l'adversaire se range.

Printed by Books on Demand GmbH, Norderstedt / Germany